Yoga me Santa

Marcy Schaaf

Hawaiian

Yoga with Santa

Marcy Schaaf

Mākaukau ʻo Santa no kāna pō ʻoi loa o ka makahiki -akā i kēia manawa, ke hoʻāʻo nei ʻo ia i kahi mea hou! Ma mua o ka hāʻawi ʻana i nā makana i nā keiki ma ka honua holoʻokoʻa, ʻōwili ʻo Santa a me Mrs.

Mai nā wili reindeer a hiki i nā piko candy cane, aʻoʻo Santa i ke ʻano o ka yoga e hoʻoikaika ai iā ia, ʻoi aku ka maʻalahi, a piha i ka ikehu! E hui pū me Santa ma kāna huakaʻi yoga i kona ʻimi ʻana i kahi ala leʻaleʻa e hoʻomākaukau ai no kāna huakaʻi Kalikimaka kupanaha.

Ho ho ho–e kahe kaua!

E mākaukau e hoʻopololei, ʻakaʻaka, a ʻike i ka ʻuhane hoʻomaha me Yoga me Santa!

'O ia ka manawa kupanaha loa o ka makahiki, a ke hana nei 'o Santa i ka ho'omākaukau 'ana no kāna huaka'i nui Kalikimaka! Akā 'o ka hā'awi 'ana i nā makana ma ka honua holo'oko'a he hana nui, a i kēia makahiki, makemake 'o Santa e hō'oia ua mākaukau 'o ia i kahi ala hou.

E hui pū me Santa i kona 'ike 'ana i ka hau'oli o ka yoga, ho'opololei a ne'e e ho'omākaukau iā ia iho no kāna pō 'oi loa. Me ke kōkua 'ana mai o Mrs. Claus a me nā elves, ua a'o 'o Santa e hiki ke hele lō'ihi ka ma'alahi, ke kaulike, a me ka le'ale'a - 'oi aku ho'i i ka ho'olaha 'ana i ka hau'oli ho'omaha!

E 'ōwili i kā mākou moena a hana i kekahi yoga me Santa!

Santa was getting ready for his biggest night of the year.

E mākaukau ana ʻo Santa no kāna pō nui loa o ka makahiki.

But this year, Santa felt a bit stiff from sitting all day.

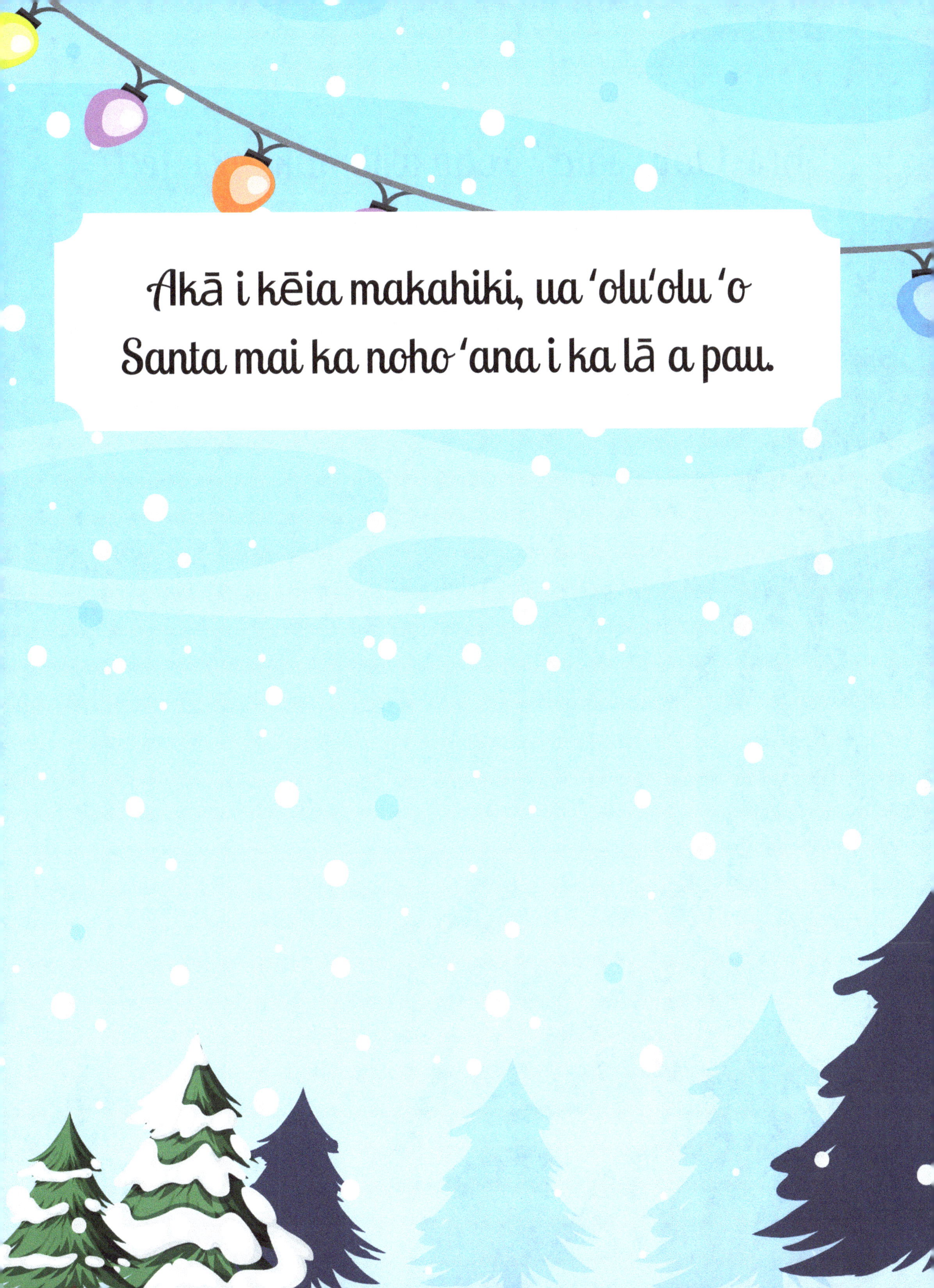
Akā i kēia makahiki, ua ʻoluʻolu ʻo Santa mai ka noho ʻana i ka lā a pau.

Mrs. Claus said "Yoga will make you feel flexible and strong again!"

Ua ʻōlelo ʻo Mrs. Claus "E hoʻoikaika hou ʻia ʻoe e yoga!"

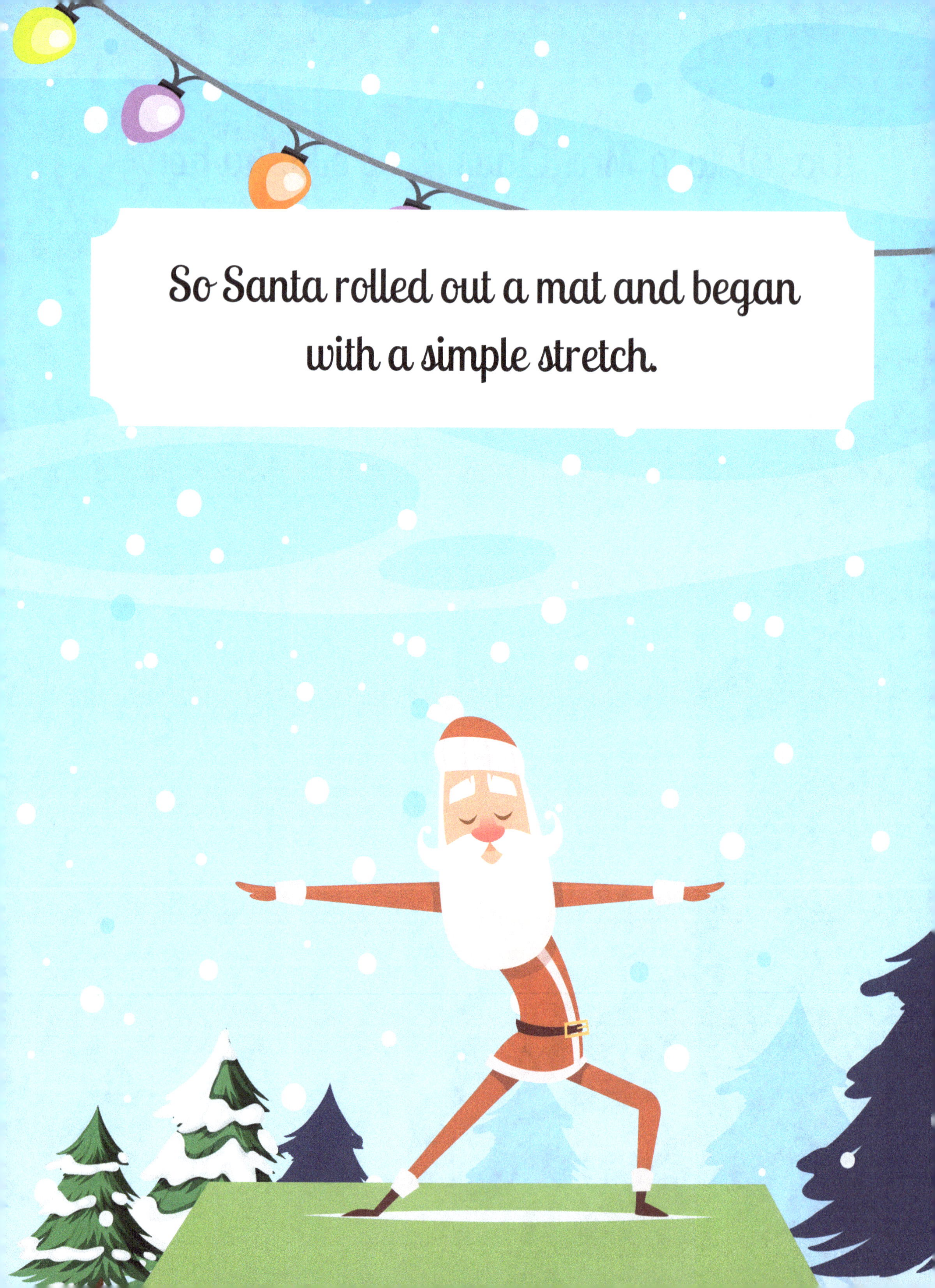
So Santa rolled out a mat and began with a simple stretch.

No laila, ʻōwili ʻo Santa i kahi moena a
hoʻomaka me kahi ʻōniʻoniʻo maʻalahi.

First, Santa reached his arms high,
stretching toward the North Star.

'O ka mua, ua pi'i 'o Santa i kona mau lima ki'eki'e, e kikoo ana i ka Hōkū 'Ākau.

Next, Santa bent down, touching his toes
like a candy cane.

A laila, kūlou ʻo Santa i lalo, hoʻopā i kona manamana wāwae e like me ke koʻokoʻo.

He then twisted his waist like a pretzel.
"Feeling looser already!"

A laila wili a'ela 'o ia i kona pūhaka me he pretzel. "Ke mana'o nei 'oi aku ka hemo!"

Santa balanced on one leg, pretending to be a tall Christmas tree.

Ua kaulike 'o Santa ma ka wāwae ho'okahi, e ho'ohālike ana he lā'au Kalikimaka ki'eki'e.

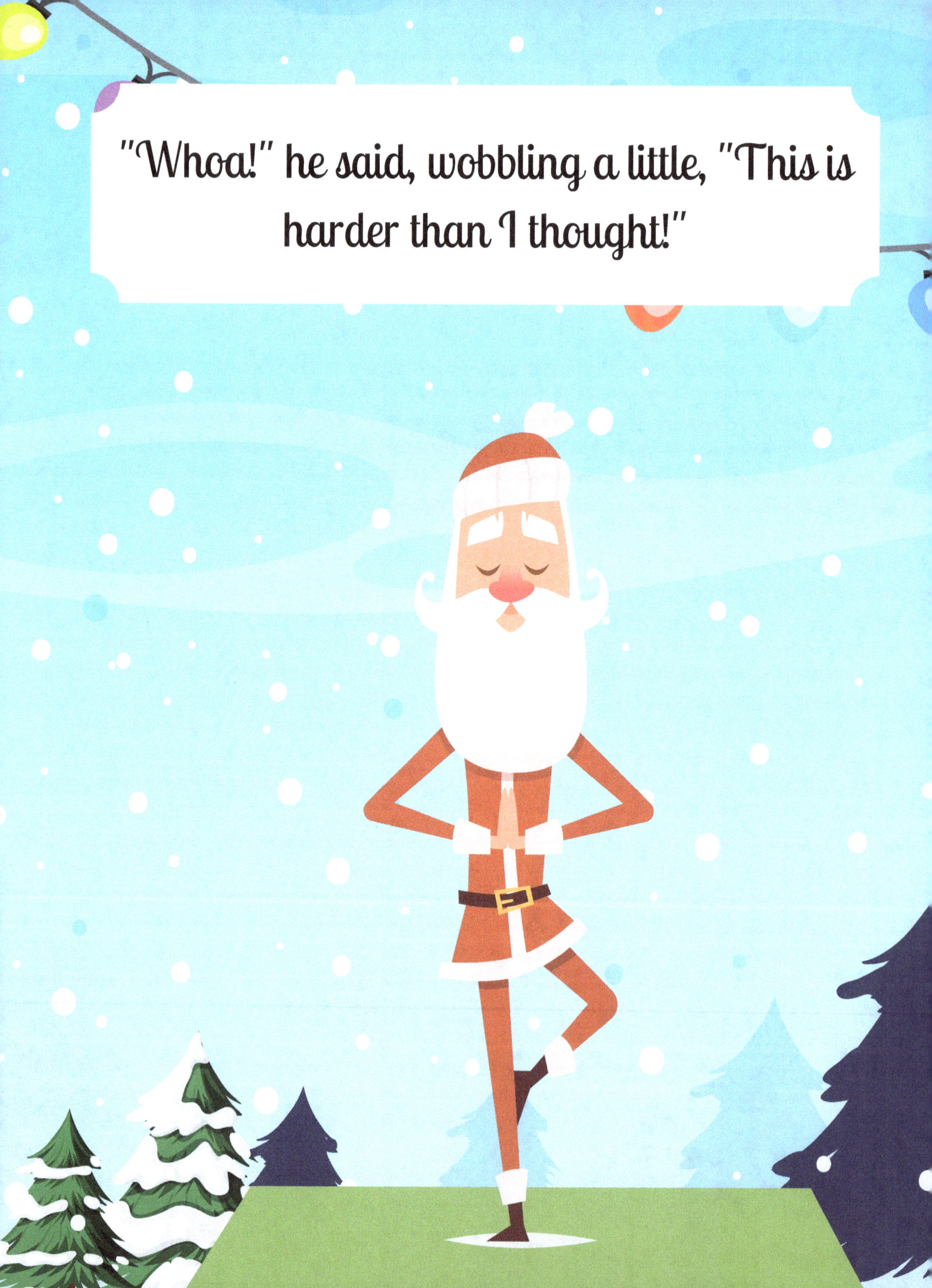

"Whoa!" he said, wobbling a little, "This is harder than I thought!"

"Whoa!" 'ōlelo 'o ia me ka ha'alulu iki, "Ua 'oi aku ka pa'akikī o kēia ma mua o ko'u mana'o!"

Santa did the reindeer pose, crouching low and stretching his back.

Hana ʻo Santa i ke ʻano o ka reindeer, e
kūlou haʻahaʻa a ʻō aku i kona kua.

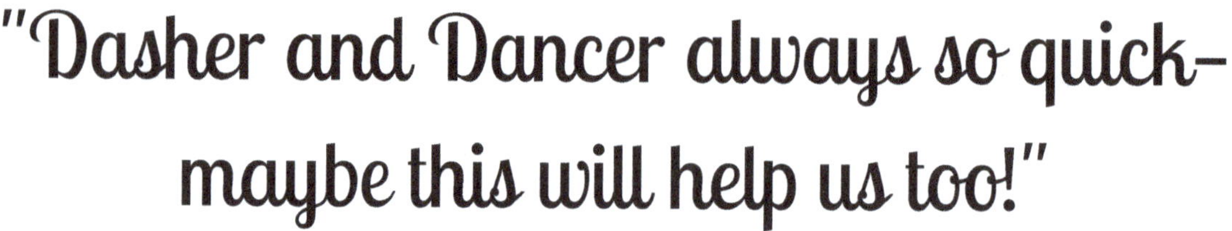

"Dasher and Dancer always so quick—
maybe this will help us too!"

"Maika'i mau 'o Dasher lāua 'o Dancer - malia paha e kōkua pū kekahi iā mākou!"

Prancer lifted his arms, pretending to fly like his sleigh in the night sky.

Hapai a'ela 'o Prancer i kona mau lima, me ka ho'ohālike 'ana e lele e like me kāna ka'a i ka lewa pō.

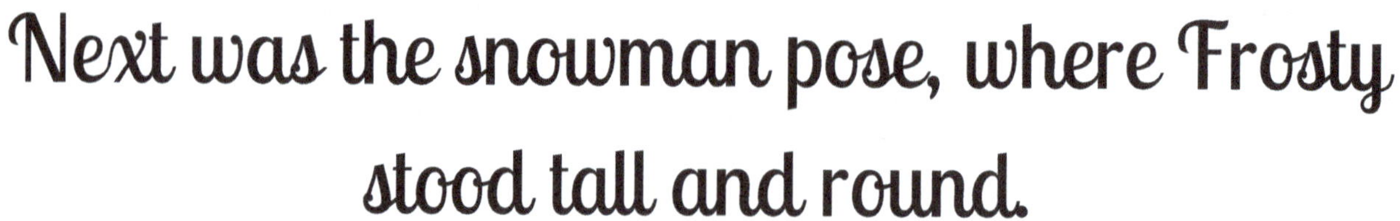

Next was the snowman pose, where Frosty
stood tall and round.

'O ka hope aʻe ʻo ke kiʻi hau hau, kahi i kū
lōʻihi ai ʻo Frosty a puni.

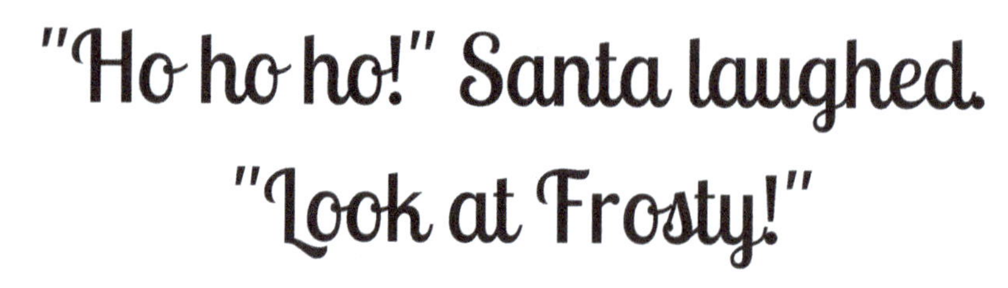

"Ho ho ho!" Santa laughed.
"Look at Frosty!"

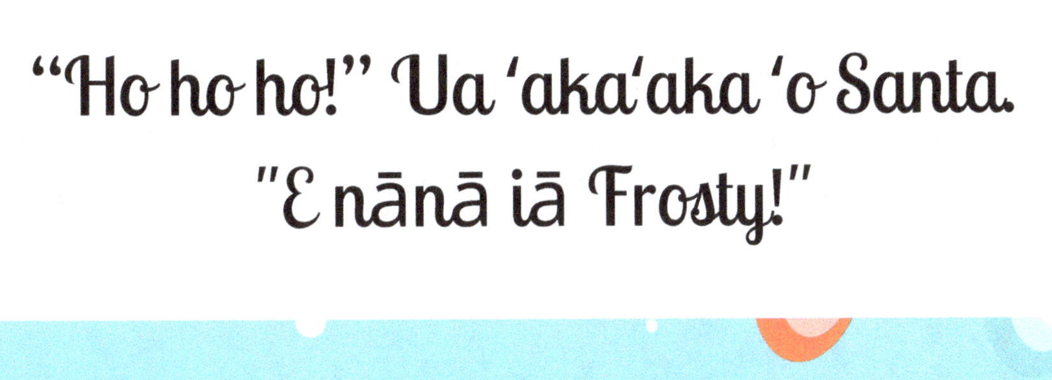

"Ho ho ho!" Ua ʻakaʻaka ʻo Santa.
"E nānā iā Frosty!"

"I feel great!" Santa said.
"I'm ready to take on Christmas Eve!"

"Maika'i ko'u mana'o!" Wahi a Santa.
"Ua mākaukau wau e lawe i ka lā
Kalikimaka!"

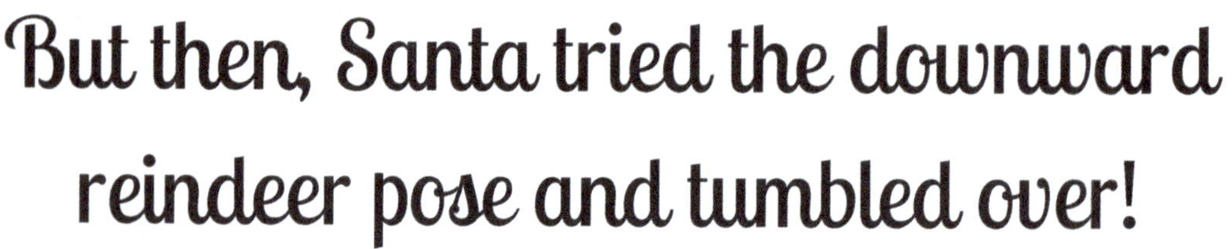
But then, Santa tried the downward
reindeer pose and tumbled over!

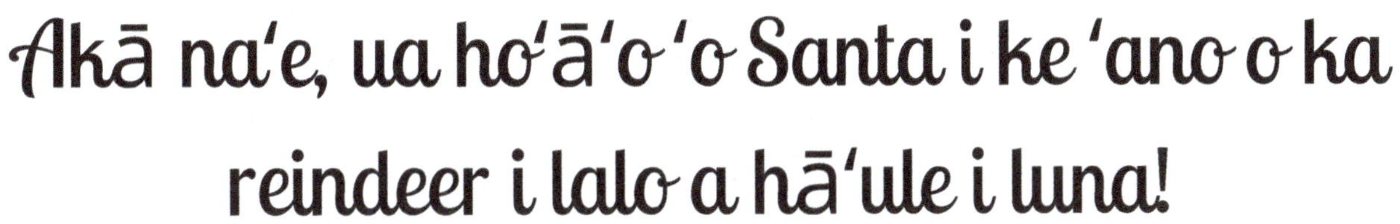
Akā naʻe, ua hoʻāʻoʻo Santa i ke ʻano o ka reindeer i lalo a hāʻule i luna!

"Oops!" Santa chuckled, "Guess I need more practice with that one!"

"Auwe!" Ua ʻakaʻaka ʻo Santa, "Manaʻo wau
e hoʻomaʻamaʻa hou aku me kēlā!"

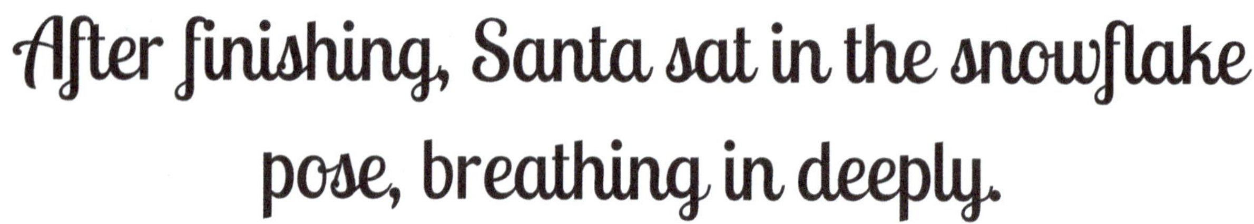
After finishing, Santa sat in the snowflake pose, breathing in deeply.

Ma hope o ka pau ʻana, noho ʻo Santa i ka hau hau, e hanu hohonu ana.

"Yoga makes me feel calm and strong, just what I need tonight."

"Hō'olu'olu a ikaika ka yoga ia'u, 'o ka'u mea e pono ai i kēia pō."

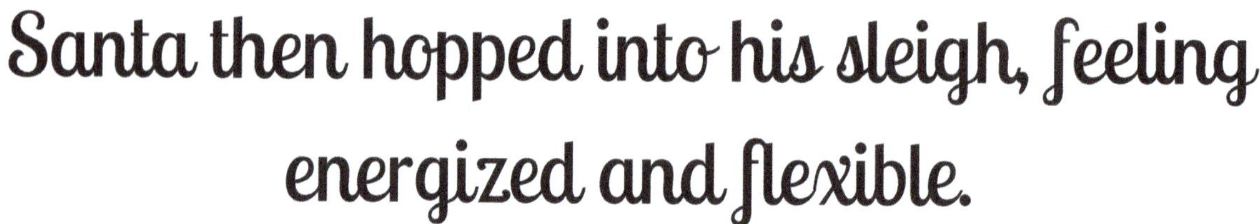

Santa then hopped into his sleigh, feeling energized and flexible.

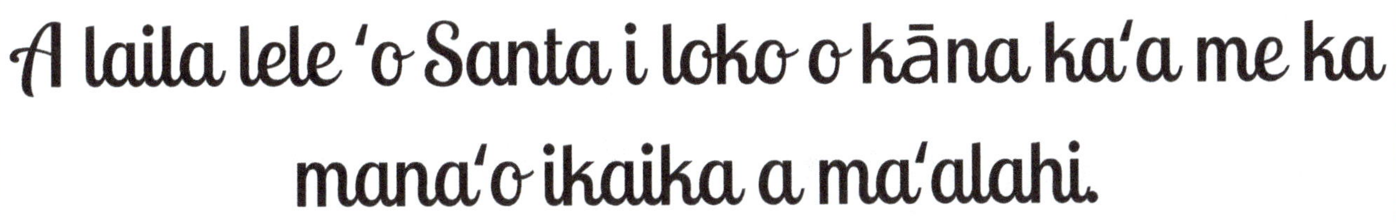

A laila lele ʻo Santa i loko o kāna kaʻa me ka manaʻo ikaika a maʻalahi.

The reindeer galloped through the sky,
pulling Santa and his gifts.

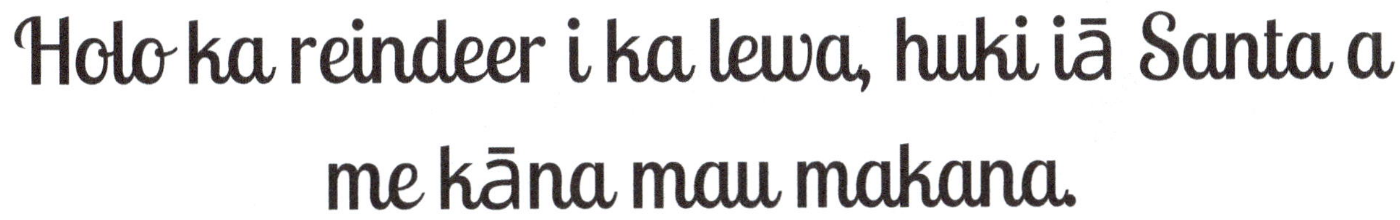

Holo ka reindeer i ka lewa, huki iā Santa a
me kāna mau makana.

He crouched down easily to fill stockings
and place gifts under trees.

Ua kū mālie ʻo ia i lalo e hoʻopiha i nā kāmeʻa
a waiho i nā makana ma lalo o nā kumulāʻau.

Even climbing chimneys seemed easier after his yoga practice!

'O ka pi'i 'ana i nā kapuahi ua ma'alahi ma hope o kāna hana yoga!

"Ho ho ho!" Santa laughed. "Yoga was the perfect idea!"

"Ho ho ho!" Ua ʻakaʻaka ʻo Santa. "ʻO yoga
ka manaʻo kūpono loa!"

By the time Santa finished, he still had plenty of energy to spare.

I ka manawa i pau ai 'o Santa,
ua loa'a iā ia ka ikaika nui e
koe.

He returned to the North Pole and stretched one more time.

Ua hoʻi ʻo ia i ka Pole ʻĀkau a hoʻolōʻihi i hoʻokahi manawa.

"I'm glad I tried yoga," Santa said. "It made Christmas even merrier!"

"'Oli'oli wau ua ho'ā'o wau i ka yoga," wahi a Santa. "Ua 'oi aku ka hau'oli o ka Kalikimaka!"

"Next year, I'll teach the reindeer and elves yoga too!" Santa declared.

"I ka makahiki a'e, e a'o pū wau i ka reindeer a me nā elves yoga!" Ua ha'i aku 'o Santa.

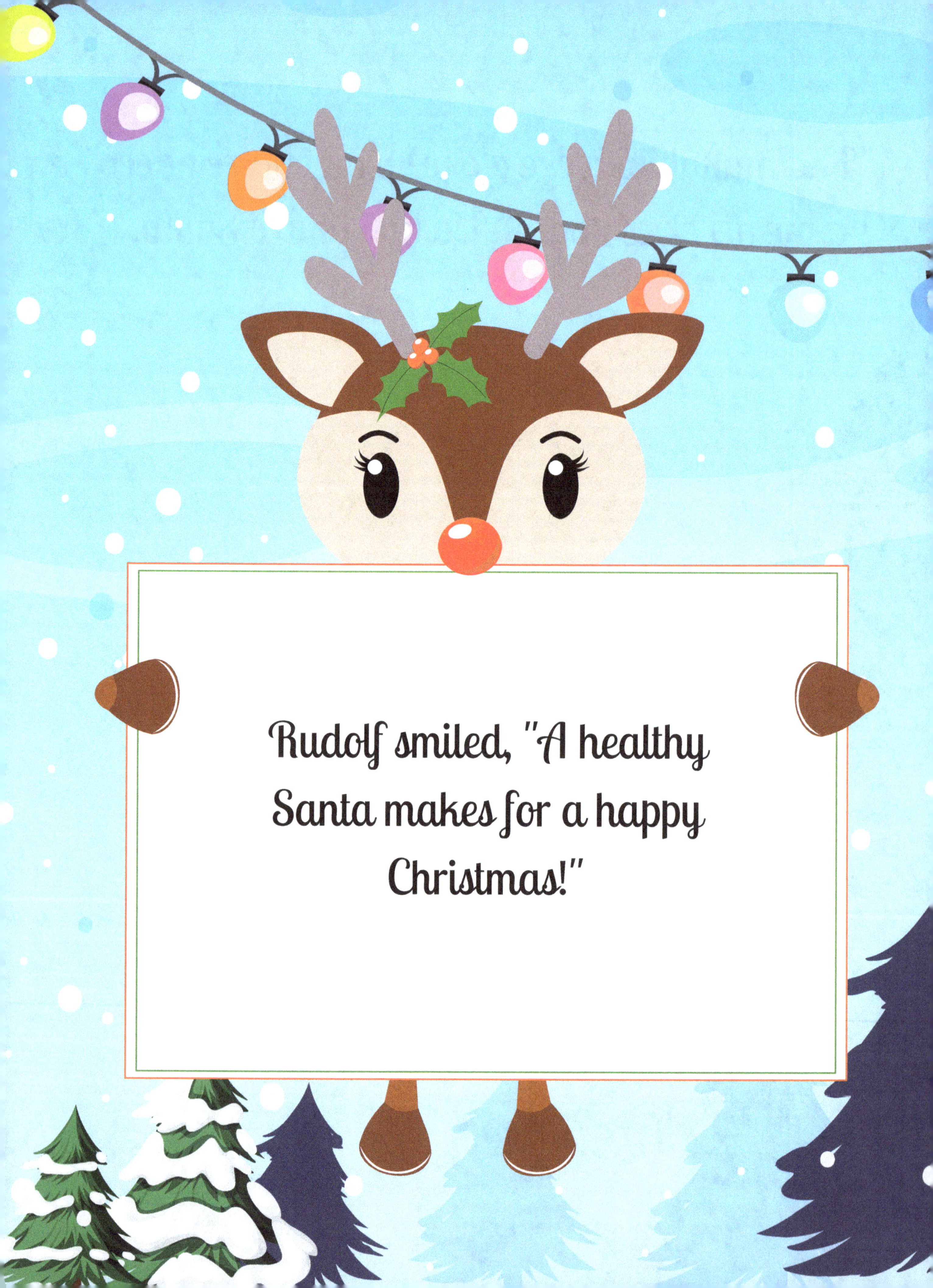
Rudolf smiled, "A healthy
Santa makes for a happy
Christmas!"

Ua ʻakaʻaka ʻo Rudolf, "ʻO ka Santa olakino e hana i kahi Kalikimaka hauʻoli!"

And from then on, Santa practiced yoga
every holiday season!

A mai ia manawa mai, hoʻomaʻamaʻa ʻo Santa i ka yoga i kēlā me kēia kau hoʻomaha!

The END

Ka

hopena

Books By Schaaf

www.BookBySchaaf.com

Find us at: